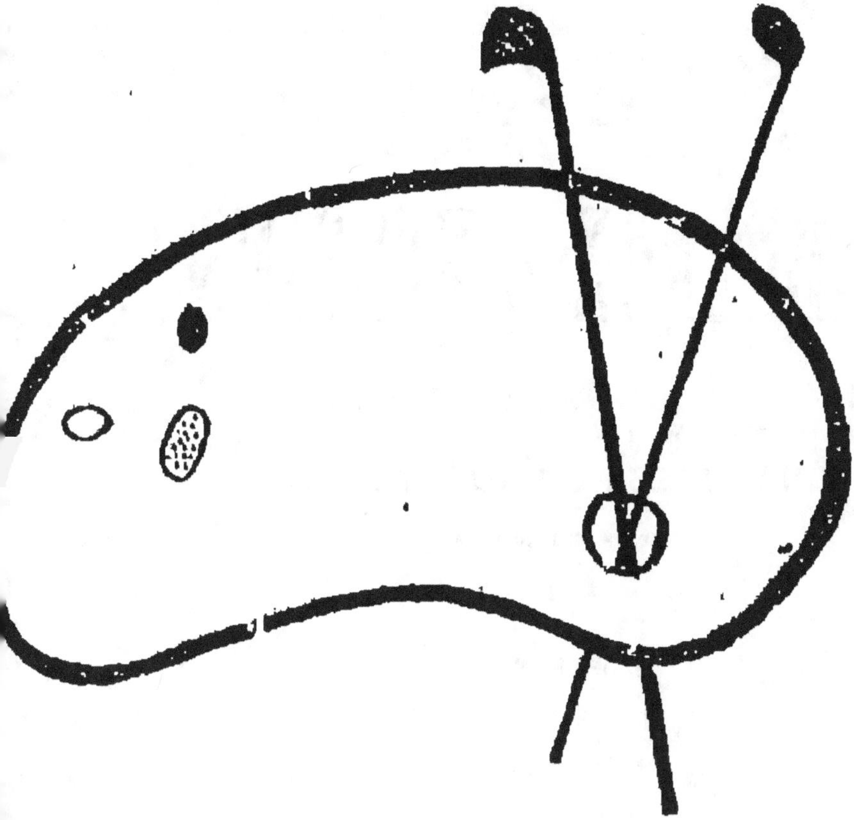

DEBUT D'UNE SERIE DE DOCUMENTS
EN COULEUR

ATELIER
DE
M. JULES ETEX

TABLEAUX & DESSINS

ANCIENS & MODERNES

GRAVURES, LITHOGRAPHIES

BRONZES, CURIOSITÉS, ETC.

EXPOSITION
Le Vendredi 16 Mars 1860

VENTE
Le Samedi 17 Mars 1860

M⁰ Eugène ESCRIBE, Commissaire-Priseur
M. François PETIT, Expert;
M. CLÉMENT, Expert.

RENOU ET MAULDE
IMP. DE LA COMPAGNIE DES C^(ies) PRINCES
rue de Rivoli, 144.

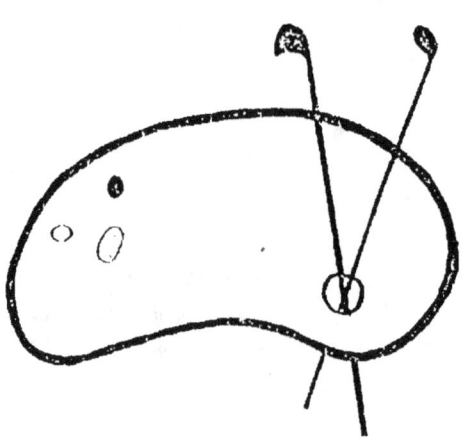

FIN D'UNE SERIE DE DOCUMENTS
EN COULEUR

CATALOGUE

DE

TABLEAUX & DESSINS

Par M. Jules ETEX

TABLEAUX & DESSINS

ANCIENS ET MODERNES

PAR DIVERS MAITRES

GRAVURES ANCIENNES & MODERNES

Cinq Bronzes par M. Antoine ETEX

OBJETS DE CURIOSITÉ ET D'ATELIER

DONT LA VENTE AURA LIEU

POUR CAUSE DE DÉPART

Le Samedi 17 Mars 1860, à 1 heure précise

HOTEL DROUOT

SALLE N° 5

Par le ministère de Me **EUGÈNE ESCRIBE**, Commiss^{re}-Priseur,
Successeur de M. RIDEL, rue Saint-Honoré, 217,
Assisté de M. **FRANCIS PETIT**, Expert, rue de Provence, 43.
Et de M. **CLÉMENT**, Expert, rue des Saints-Pères, pour les Gravures.

EXPOSITION PUBLIQUE

Le Vendredi 16 Mars 1860, de 1 heure à 5 heures.

1860

CONDITIONS DE LA VENTE

Elle sera faite au comptant.

Les Acquéreurs paieront, en sus des adjudications, cinq pour cent applicables aux frais.

DÉSIGNATION

DESSINS

PAR

M. Jules ETEX.

1 — Une Chasse au Lion, en Afrique. (*Dessin.*)
2 — La Promenade. (*Pastel.*)
3 — Le Retour. (*Pastel.*)
4 — Vierge et Enfant Jésus. (*Pastel.*)
5 — Têtes de Femmes. (*Cinq pastels.*)
6 — L'Amour sacré et l'Amour profane.
     (*D'après le Titien. Aquarelle.*)
7 — Études de Paysages. (*Fusin*)
8 — Études et Compositions diverses. (*Dessins.*)
9 — Plusieurs Aquarelles.

DESSINS

PAR

DIVERS.

10 — DECAMPS. Paysage. (*Dessin.*)
11 — DECAMPS. Turc vu de dos. (*Dessin.*)
12 — DECAMPS. Le Joueur de bignou. (*Croquis.*)
13 — DECAMPS. Pêcheur. (*Sépia.*)
14 — GÉRICAULT. Divers Croquis. (*Dessins à la plume.*)
15 — GÉRICAULT. Étude de Cheval. (*Calque.*)
16 — GREUZE. Le Secret dévoilé. (*Lavis.*)
17 — ISABEY, père. Portrait de la reine de Wesphalie.
(*Sépia.*)
18 — LATOUR. Portrait de Mlle de Sancerre. (*Pastel.*)
19 — RUBENS. Deux Têtes de Femmes.
(*Dessin à la plume.*)
20 — CONEY. Porche de l'Église de Westminster.
(*Aquarelle.*)

TABLEAUX

DE

M. Jules ETEX.

21 — Une Martyre chrétienne.
22 — Une Barque de Pêcheurs.
23 — Diligence en route pendant l'orage.
24 — Le Serment.
25 — L'Age d'Or.
26 — Un Jour de Tempête.
27 — L'Abandonnée.
28 — Paysage, bords de l'Indre.
29 — Épisode de la Guerre de Crimée, sous Catherine II.
30 — Doute et Croyance.
31 — Diogène.
32 et 33 — Fiancée et Mère. (*Deux sujets Italiens.*)
34 — Le Repos en voyage.
35 — Mendiante et ses Enfants.
36 — Femme de la Cervara.
37 — Jeunes Tigres jouant.
38 — Deux Braconniers.
39 — Sacki d'Égypte.
40 — Barque de pêche à Yport.

41 — Les bords de l'Indre, au-dessus de La Châtre.
42 — Mélancolie.
43 — Souvenir de Prague.
44 — Une Vue du Croisic, soleil couchant.
45 — Étude prise à Tivoli.
46 — Environs de Nantes. Paysage.
47 — Femme du bourg de Batz, à la fontaine.
48 — Jacob refusant Benjamin à ses frères.
       (Toile de concours.)
49 — RUBENS (D'après). L'Adoration des Mages.
50 — RUBENS (D'après). L'Adoration de la Vierge.
  (Copie du tableau de la chapelle Saint-Jacques, à Anvers.)
51 — RAPHAEL (D'après). Fragment d'une fresque.
52 — GÉRICAULT (D'après). Études de chevaux.
53 — PALMA VECCHIO (D'après). Diverses copies.

TABLEAUX ANCIENS.

54 — LE TINTORET. Annonciation.
  Esquisse du tableau qui est à Venise.
55 — LE GUERCHIN. Le Réveil de saint Jérôme.
56 — PALMA VECCHIO. La Vierge, l'Enfant Jésus et le Donataire.
57 — PALAMEDES. Le Jeu du Vin de Mai.
  Scène flamande.
58 — ÉCOLE FLAMANDE. Tête de Vieillard.

TABLEAUX PAR DIVERS

59 — Bonington. Une plage à marée basse.
60 — Baccuet. Deux études d'après nature.
61 — Corot. Paysage.
62 — Corot. Étude prise dans la forêt de Fontainebleau.
63 — Mozin. Les Dunes de Trouville.
64 — Mozin. La plage de Trouville.
65 — Jongkind. Un port. Effet de clair de lune.
66 — Veyrassat. Étude faite en Provence.
67 — Par Divers. Études de paysages.
68 — Lesueur (D'après). La mort de saint Bruno.
69 — Copies d'après Le Titien, Le Poussin, etc.

BRONZES

PAR

Antoine ETEX.

70 — Hyacinthe mourant. H. 60 c.
71 — Olympia. H. 40 c.
72 — Léda. H. 55 c.
73 — Léda. H. 28 c.
74 — Vénus et l'Amour. Groupe. H. 80 c.

GRAVURES.

75 — Gravures anciennes. Raphaël, Rubens, Van Dyck, Prudhon, Greuze, Boucher, Chardin, etc.
76 — Lithographies de Charlet, Raffet, Decamps, Grandville, Géricault, E. Delacroix, etc.
77 — Photographies de figures et de paysages.

LIVRES.

78 — Peintures d'Herculanum, 9 vol. in-folio.
79 — Le Musée des Antiques, de Bouillon, 3 vol. in-folio.
80 — Histoire des Peintres, de Félibien.
81 — Divers autres ouvrages, figures, etc.

82 — Divers objets de curiosités.
83 — Un écran en bois sculpté, style Louis XV.
84 — Une chaise en bois sculpté, style Louis XVI.
85 — Divers objets d'atelier, chevalets, porte-portefeuilles, etc.

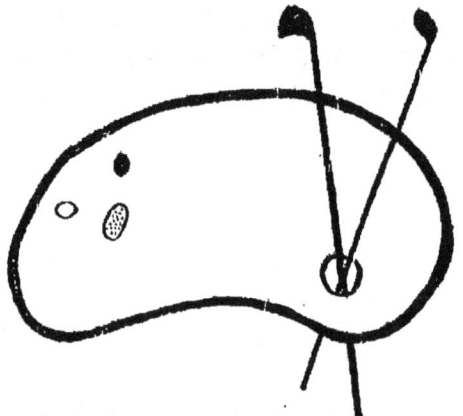

ORIGINAL EN COULEUR
NF Z 43-120-8

www.ingramcontent.com/pod-product-compliance
Lightning Source LLC
Chambersburg PA
CBHW030114230526
45471CB00003B/1410